Fátima Mesquita

Em busca da Meleca Perdida

Ilustrações: Fábio Sgroi

Este livro segue as normas do novo ACORDO ORTOGRÁFICO

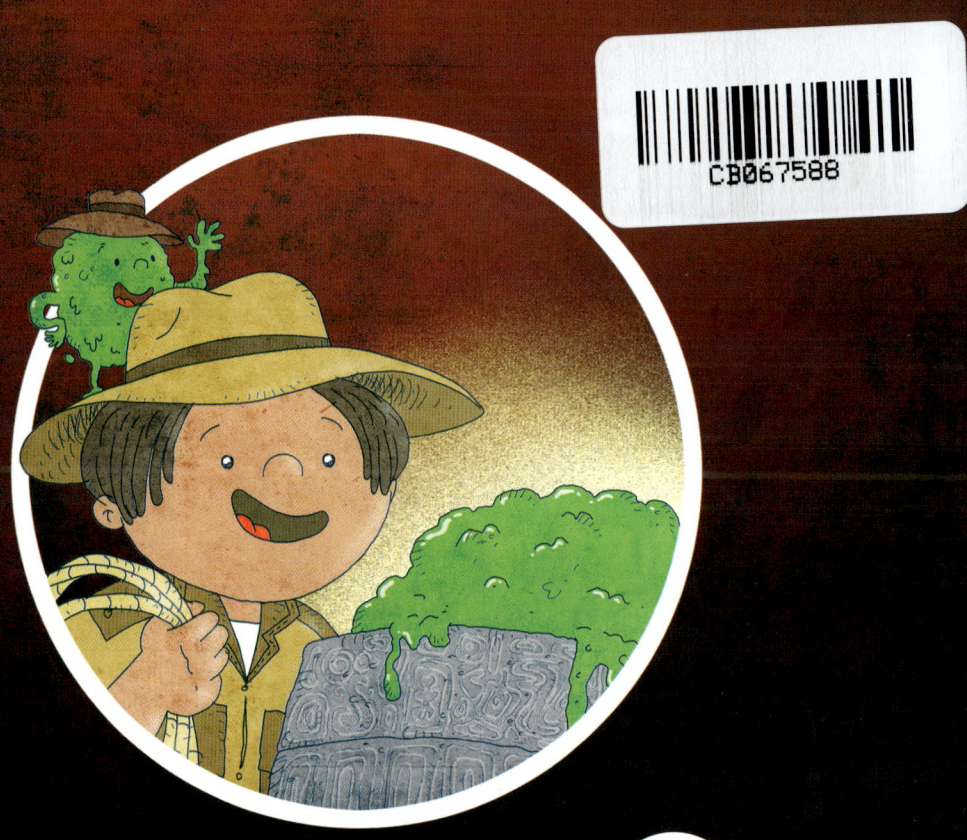

PANDA BOOKS

© 2011 Fátima Mesquita

Diretor editorial
Marcelo Duarte

Coordenadora editorial
Tatiana Fulas

Assistente editorial
Vanessa Sayuri Sawada
Juliana Paula de Souza

Assistente de arte
Alex Yamaki

Estagiária
Leika Regina Inoue

Organização
Dodora Mesquita

Projeto gráfico
Verbo e Arte Comunicação

Preparação
Tuca Faria

Revisão
Alessandra Miranda de Sá
Juliana de Araujo Rodrigues

Consultoria pedagógica
Josca Ailine Barouck

Impressão
Loyola

CIP – BRASIL. CATALOGAÇÃO NA FONTE
SINDICATO NACIONAL DOS EDITORES DE LIVROS, RJ

Mesquita, Fátima
   Em busca da meleca perdida/ Fátima Mesquita. – 1.ed. –
      São Paulo: Panda Books, 2011. 36 pp.

ISBN: 978-85-7888-148-1

1. Sistema respiratório – Literatura infantojuvenil. 2. Respiração – Literatura infantojuvenil. 3. Sistema respiratório – Secreções – Literatura infantojuvenil. I. Título.

11-4779   CDD: 612.2
                                                              CDU: 612.2

2011
Todos os direitos reservados à
Panda Books
Um selo da Editora Original Ltda.
Rua Henrique Schaumann, 286, cj. 41
05413-010 – São Paulo – SP
Tel./ Fax: (11) 3088-8444
edoriginal@pandabooks.com.br
www.pandabooks.com.br
twitter.com/pandabooks
blog.pandabooks.com.br
Visite também nossa página no Facebook e no Orkut.

Introdução

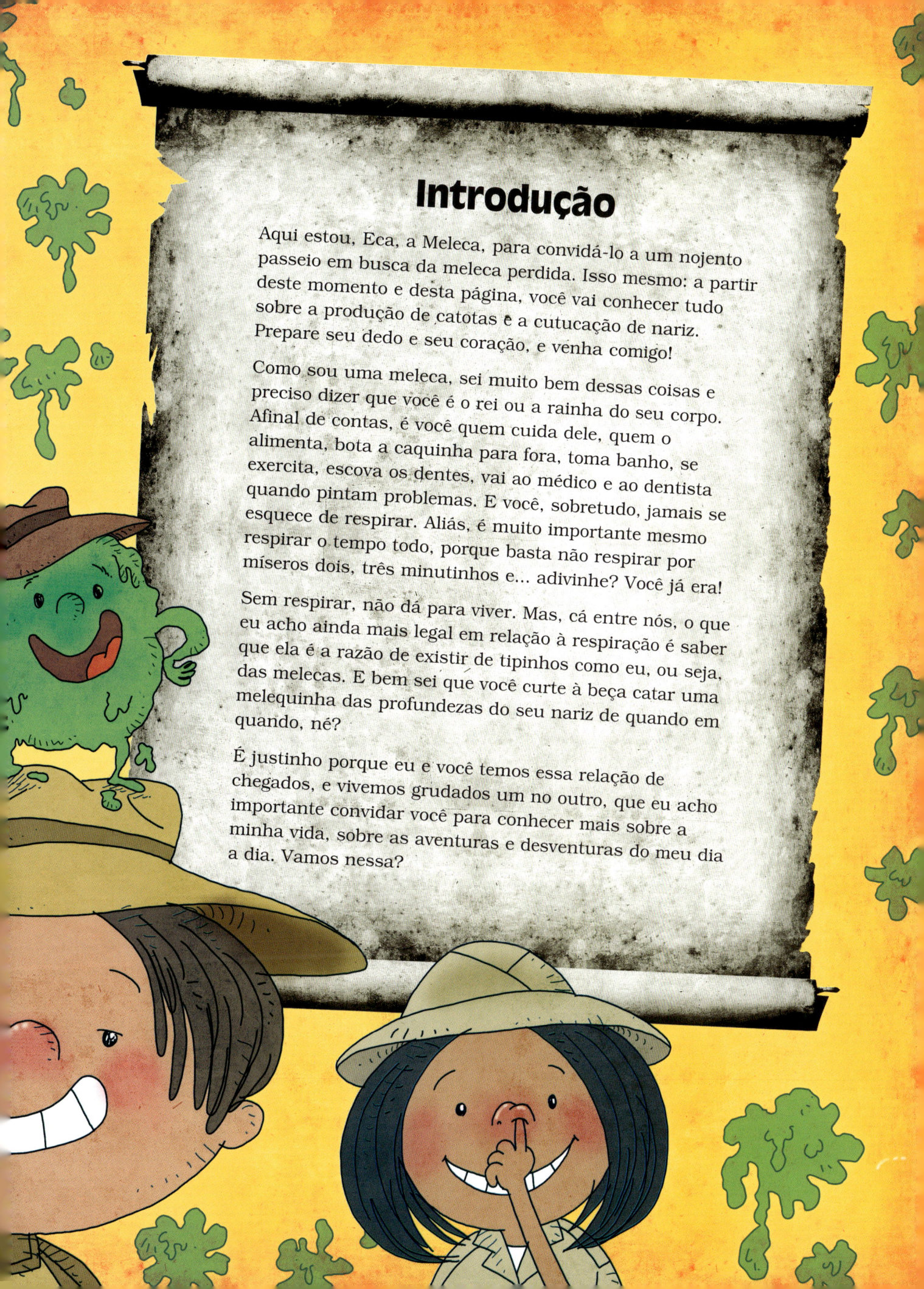

Aqui estou, Eca, a Meleca, para convidá-lo a um nojento passeio em busca da meleca perdida. Isso mesmo: a partir deste momento e desta página, você vai conhecer tudo sobre a produção de catotas e a cutucação de nariz. Prepare seu dedo e seu coração, e venha comigo!

Como sou uma meleca, sei muito bem dessas coisas e preciso dizer que você é o rei ou a rainha do seu corpo. Afinal de contas, é você quem cuida dele, quem o alimenta, bota a caquinha para fora, toma banho, se exercita, escova os dentes, vai ao médico e ao dentista quando pintam problemas. E você, sobretudo, jamais se esquece de respirar. Aliás, é muito importante mesmo respirar o tempo todo, porque basta não respirar por míseros dois, três minutinhos e... adivinhe? Você já era!

Sem respirar, não dá para viver. Mas, cá entre nós, o que eu acho ainda mais legal em relação à respiração é saber que ela é a razão de existir de tipinhos como eu, ou seja, das melecas. E bem sei que você curte à beça catar uma melequinha das profundezas do seu nariz de quando em quando, né?

É justinho porque eu e você temos essa relação de chegados, e vivemos grudados um no outro, que eu acho importante convidar você para conhecer mais sobre a minha vida, sobre as aventuras e desventuras do meu dia a dia. Vamos nessa?

Para entender as melecas

Nós, melecas, somos umas danadinhas incompreendidas. Todo mundo adora falar mal de nós, apesar de gostarem ainda mais de catar a gente lá no fundo do nariz! Mas ninguém se dá ao trabalho de saber de onde viemos e por que existimos. E menos ainda de entender o importante trabalho que executamos.

Agora, para entender de meleca, um aviso: é preciso entender antes de respiração.

Ninguém repara, mas todo mundo que está vivo fica o tempo todo respirando, inclusive você. E isso quer dizer que você coloca ar para dentro e para fora dos seus pulmões sem parar.

O seu corpo é feito de milhões de células. E, para mantê-lo vivo, elas precisam, a todo instante, fazer uma troca importante: colocar oxigênio para dentro e botar dióxido de carbono (também chamado de gás carbônico) para fora. Essa troca é chamada de **respiração**.

Ela acontece porque as suas células precisam do oxigênio que existe no ar para dar conta das obrigações delas. Mas, enquanto elas usam oxigênio para manter seu corpo vivo e funcionando, as células produzem um "lixo" que precisa ser colocado para fora do seu corpo o mais depressa possível. E esse "lixo" não é meleca. Esse "lixo" é o dióxido de carbono.

A DURA VIDA DAS CÉLULAS

O corpo das pessoas é todinho feito de pecinhas pequenas que são chamadas de células. Mas nem todas as células são iguais. Elas têm formas e trabalhos diferentes. As células que vivem no sangue, por exemplo, parecem carteiros recolhendo e distribuindo material de um lado para o outro, enquanto as células, vejamos, da pele trabalham para manter seu corpo bem embaladinho e protegido.

Quando você corre, brinca, faz birra ou pula, suas células precisam, então, de mais oxigênio. E também precisam se livrar de mais dióxido de carbono. Quando você está calminho vendo TV, estudando, lendo, dormindo ou só batendo um papinho, suas células precisam receber menos oxigênio e jogar para fora menos dióxido de carbono.

O oxigênio que as células usam é gerenciado no corpo pelos pulmões, e o dióxido de carbono que elas jogam fora também sai por eles.

Colocar o oxigênio para dentro é **inspirar**.

Colocar o dióxido de carbono para fora é **expirar**.

Inspirar + expirar = **respirar**.

Todo esse entra e sai de oxigênio e dióxido de carbono acontece com uma rapidez incrível: em geral, ocorre umas vinte vezes por minuto e sempre assim, no piloto automático, sem você precisar lembrar de fazer nada especial.

O mapa e – ui! – um possível engano

A viagem do ar pelo seu corpo adentro começa no nariz ou na boca e dali segue então para a sua garganta. Na garganta, você tem um túnel que os médicos chamam de **faringe**.

Esse túnel mal começa e já se divide em dois tubos diferentes: o **esôfago**, que é o caminho da comida e fica mais atrás, e a **laringe**, que é o caminho do ar e fica mais na frente. A sua faringe tem ligação com o seu nariz, seus ouvidos, seu esôfago e também com os seus pulmões.

Na linha de frente, **laringe** = caminho para o ar.

Mais atrás, o **esôfago** = caminho para comida e bebida.

Bem nesta altura aí da sua garganta, quando a faringe se divide em dois tubos diferentes, a entrada da laringe recebe um nome esquisito: **glote**. E acima dela existe uma válvula chamada **epiglote**, que funciona como um bom guarda de trânsito, encaminhando a comida e a bebida para uma estrada, e o ar para outra. É obrigação da epiglote só deixar passar comida e bebida para o estômago e só deixar passar ar para os pulmões. Ela não pode parar para descansar nem um instantezinho!

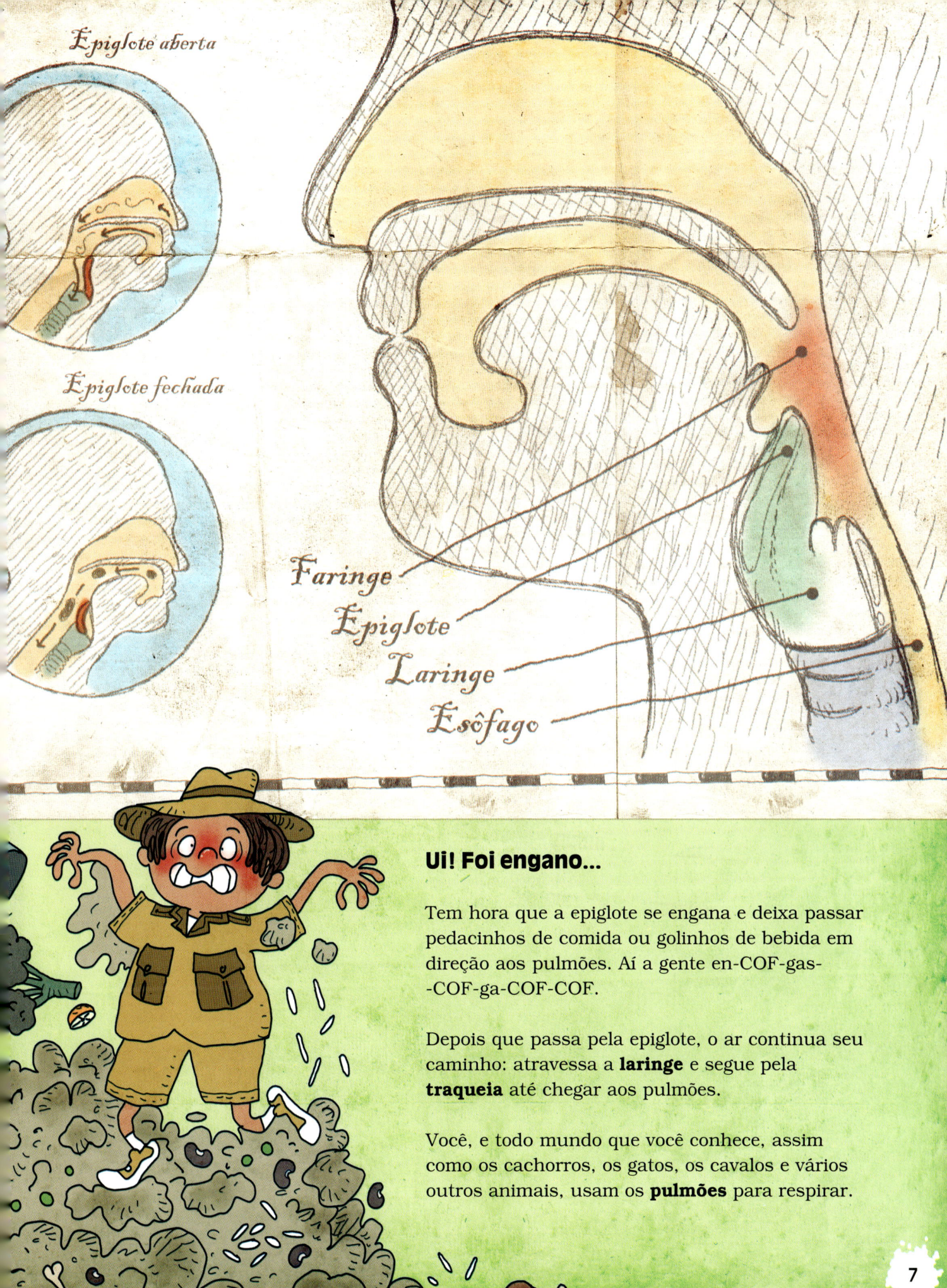

Epiglote aberta

Epiglote fechada

Faringe
Epiglote
Laringe
Esôfago

Ui! Foi engano...

Tem hora que a epiglote se engana e deixa passar pedacinhos de comida ou golinhos de bebida em direção aos pulmões. Aí a gente en-COF-gas--COF-ga-COF-COF.

Depois que passa pela epiglote, o ar continua seu caminho: atravessa a **laringe** e segue pela **traqueia** até chegar aos pulmões.

Você, e todo mundo que você conhece, assim como os cachorros, os gatos, os cavalos e vários outros animais, usam os **pulmões** para respirar.

Nas pessoas, os pulmões são dois trecos assim meio que na forma de cone (tipo um chapéu de palhaço) que ficam bem protegidos debaixo das nossas costelas, um ao lado do outro no seu peito, que, aliás, também atende pelo pomposo nome de **tórax** ou **caixa torácica**.

Um pulmão fica do lado direito, e o outro, do lado esquerdo. O pulmão do lado esquerdo é um tico assim menor que o irmão gêmeo dele, para dar um espacinho debaixo das costelas para o seu coração.
As costelas fazem um trabalho importante de proteção funcionando quase como uma gaiola-cofre, guardando com segurança o coração e os pulmões das pessoas.

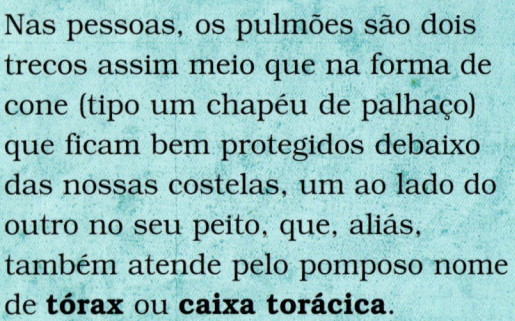
Pulmão

Os pulmões são macios e esponjosos, como enormes cortinas molhadas e bem dobradinhas. Se fosse possível abrir essas cortinas e esticá-las num varal, você ia ver que um adulto é proprietário de uns setenta metros quadrados de pulmões, o que dá aí mais da metade de uma quadra de vôlei!

Em vez de absorver água como uma esponja, os pulmões absorvem ar.

Quando está chegando aos pulmões, a traqueia se divide em dois tubos, chamados de **brônquios**, cada um levando oxigênio para cada parte dos pulmões.

Os brônquios, então, são dois ramos da traqueia. Por falar em ramos, os brônquios se parecem mesmo com galhos de uma árvore, que depois acabam em uma rede de tubinhos cada vez menores, os **bronquíolos**. Aliás, de tão parecidos que são com a copa de uma árvore, os brônquios recebem o nome de "árvore respiratória". Os frutos dessa árvore, que são também a parada final do ar nos pulmões, chamam-se **alvéolos**.

Os **alvéolos pulmonares** são pequenos sacos de ar semelhantes a um cacho de uvas. Eles fazem a entrega do oxigênio do ar que você respirou para a corrente sanguínea, que dali distribui o oxigênio pelo restante do corpo, para todas as células.

Ao passar em cada célula, o sangue deixa ali oxigênio e, ao mesmo tempo, retira o dióxido de carbono que as células fabricaram ao executarem suas diversas tarefas. Esse "lixo", que é o dióxido de carbono, é então carregado de volta pelo sangue até os pulmões.

Os alvéolos pulmonares recebem esse dióxido de carbono, que é "lixo", e tratam logo de despachar tudo para os brônquios, que mandam esse ar "sujo" de volta pela traqueia, laringe e faringe, colocando o gás carbônico para fora do seu corpo pelo nariz ou pela boca.

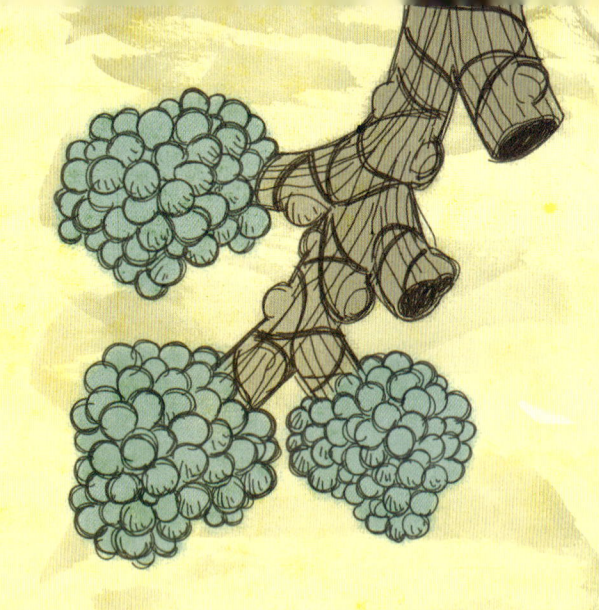

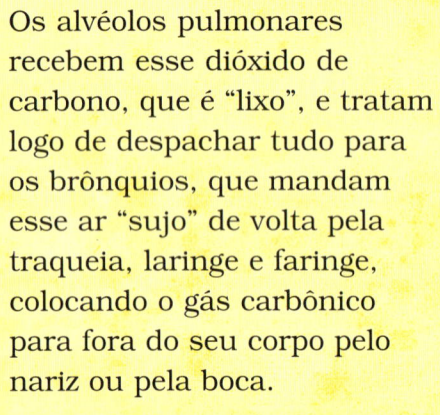

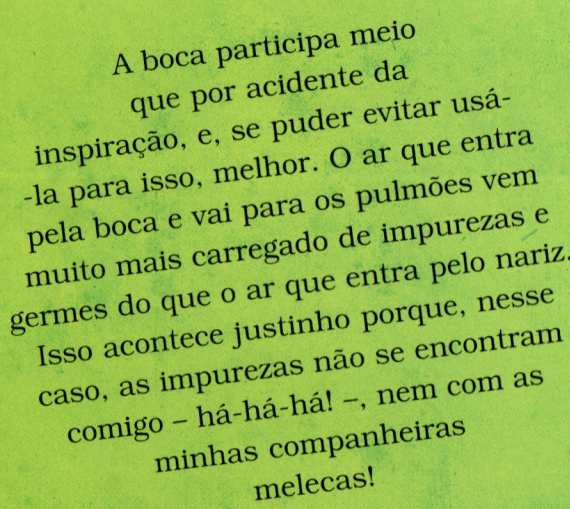

A boca participa meio que por acidente da inspiração, e, se puder evitar usá-la para isso, melhor. O ar que entra pela boca e vai para os pulmões vem muito mais carregado de impurezas e germes do que o ar que entra pelo nariz. Isso acontece justinho porque, nesse caso, as impurezas não se encontram comigo – há-há-há! –, nem com as minhas companheiras melecas!

MAPA PARA O **OXIGÊNIO** NÃO ERRAR O CAMINHO DE **ENTRADA**

1. Melhor entrar pelo nariz, mas, se não der, pode entrar pela boca.
2. Siga pela laringe até a epiglote. Cuidado: não vá parar no estômago! Vá em direção aos pulmões.
3. Continue, por favor, o seu passeio pela traqueia até encontrar os brônquios.
4. Parabéns, você já está nos pulmões! Agora siga até os alvéolos, que a corrente sanguínea vai se encarregar do restante da distribuição.

MAPA PARA O **DIÓXIDO DE CARBONO** NÃO ERRAR O CAMINHO DE **SAÍDA**

1. A corrente sanguínea vai tratar de trazê-lo até os alvéolos pulmonares.
2. Agora saia através dos brônquios em direção à traqueia.
3. Suba pela laringe e depois pela faringe.
4. Saia pelo nariz ou pela boca e complete assim o ciclo total da respiração.

Quem pega no pesado?

Você respira até quando dorme porque a respiração acontece de modo automático, sem você precisar tomar nenhuma providência especial. E isso é possível porque um músculo chamado **diafragma** dá a maior força para a sua respiração.

O diafragma é um baita de um músculo que, em sua posição normal, forma um arco bem debaixo dos seus pulmões.

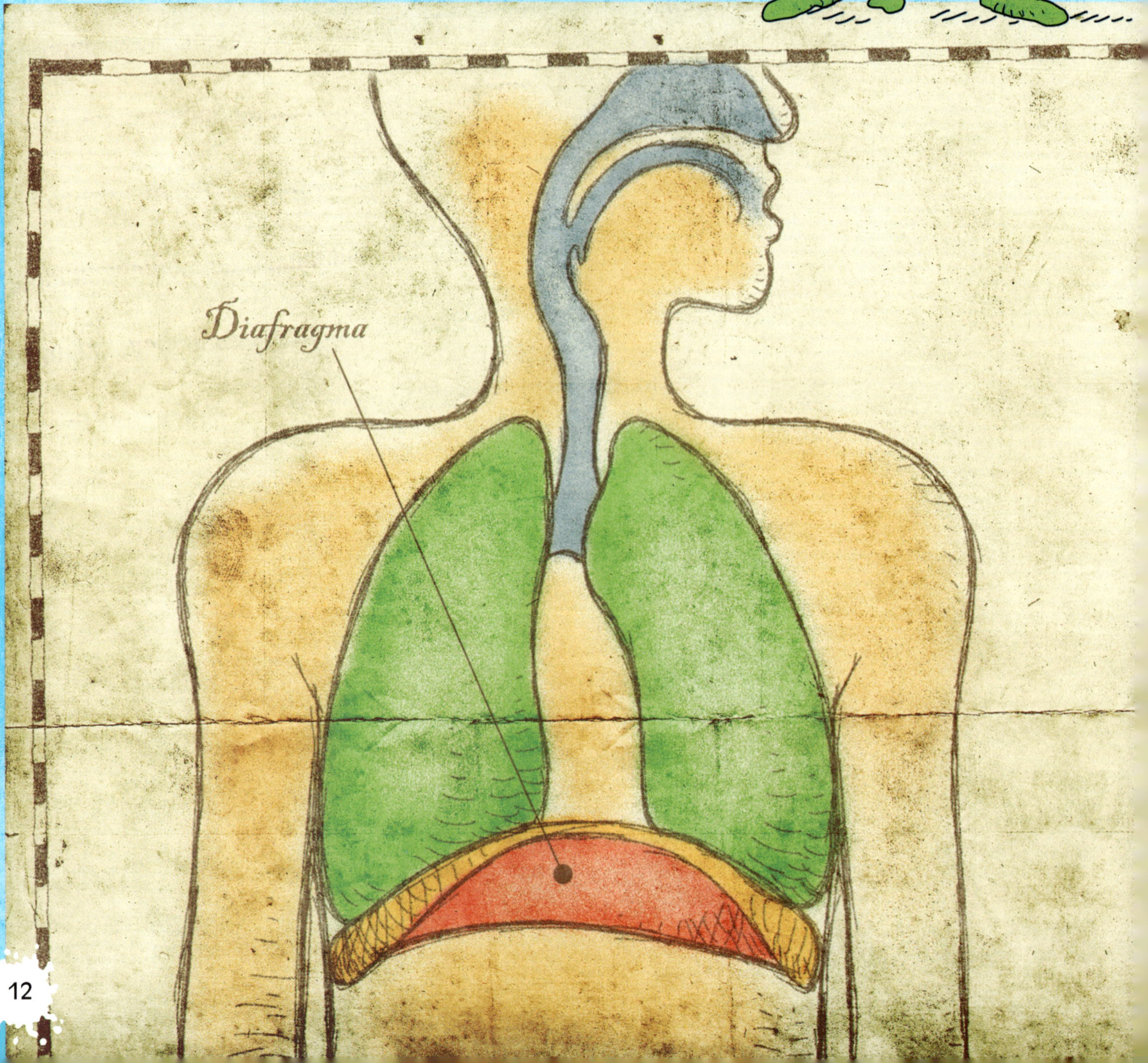

Diafragma

Quando você inspira (coloca ar para dentro), o diafragma se contrai e fica meio reto, achatado, abrindo assim espaço para que o pulmão se expanda. Isso, e mais o truque de baixar a pressão do ar lá de dentro do seu corpo, faz com que o nariz sugue ar da atmosfera sem que você se dê conta do que está acontecendo.

Aí, logo que o ar entra no seu corpo, o diafragma muda de posição, ficando de novo relaxado, arqueado, e deixando então maior a pressão do ar dentro do seu corpo, forçando agora a contração dos seus pulmões e a expulsão do ar que estava lá dentro, num processo que a gente chama de expiração (ar para fora).

Os movimentos do diafragma ajudam o corpo a cumprir várias missões além da respiração, como tossir, espirrar, ter neném e até expulsar caquinha. Tudo entendido? Pois agora que você sabe bem sabido o que é a respiração, vai poder entender melhor por que e onde melecas como eu brotam. Vam'bora comigo!

O reino das mil melecas

Aposto que você e o seu dedo cutucador já estão cansados de saber que eu e as outras melecas moramos no seu nariz e no nariz de todo mundo. Mas você sabia que nós, as melequildas, somos fabricadas bem ali mesmo?

O nariz é uma maravilha de casa. A parte interna dele é chamada de **cavidade nasal** e vem dividida ao meio por uma parede que ganhou o elegante nome de **septo**. O septo divide o nariz em dois buracos, ou seja, em duas **narinas**. As narinas também são às vezes chamadas de **fossas nasais**.

A cavidade nasal – essa caverna que faz a alegria dos cutucadores e que eu chamo de lar, doce lar – é toda recoberta por pelos bem pequenininhos e por membranas que produzem **muco** e que por isso mesmo têm o nome de **membranas mucosas**. Em outras palavras, meu amigo, minha amiga: o seu nariz é um baita produtor de meleca e de catarro. Sim, porque catarro é muco com uns ingredientes extras, e meleca não passa de muco sujo e ressecado.

Catarro = muco com ingredientes extras.

Meleca = muco sujo e ressecado.

O muco é um líquido pegajoso produzido em várias partes do seu corpo, inclusive no seu belo nariz. Ali, e em parceria com os pequenos pelinhos que por lá habitam, o muco trabalha dia e noite como uma superarmadilha para as sujeirinhas que flutuam invisíveis no ar, prendendo-as com seu jeito todo meigo e pegajoso. E essa combinação de muco e sujeira acaba secando depois de um tempo, criando assim uma coisa fantástica que sou euzinha, a sua meleca, ao seu dispor!

A meleca é, portanto, o produto de um sistema de limpeza que existe no seu nariz porque o seu corpo não quer que toda essa sujeira que vem junto com o ar – fumaça, bactéria, pólen de plantas, cinza, areia, fungo, poeira… – entre e se instale dentro de você; afinal, ela pode provocar doenças. Por isso, o seu nariz trata de filtrar esse ar, funcionando como uma peneira, separando o que é bom (ar limpo) do que é ruim (sujeira).

RECEITA NATURAL DE MELECA CROCANTE CASEIRA

Ingredientes
- 1 nariz
- 1 punhado de muco
- 1 punhado de sujeira

Preparo
Deixe o muco ali mesmo no nariz, onde ele foi produzido. Permita que seu nariz respire bastante e filtre o ar que você respira, retendo ali sujeiras e impurezas, enquanto o ar segue para a sua garganta. Agora, deixe essa mistura de muco com sujeira secar e aí está: sua meleca está tinindo de pronta!

Toda meleca é o resultado da combinação de sujeira e muco e mais sujeira e muco e mais sujeira e muco, até que, de repente, dessa mistureba seca surja uma meleca bem prontinha no seu salão. Essa melequilda vai ficar aí no mesmo lugar, até que você assoe, lave ou cutuque o nariz – ou respire a catota, sem querer.

Se acontecer de você respirar a sua meleca, não esquente. A epiglote vai encaminhá-la para o seu estômago, onde ela será digerida como se fosse migalha de um biscoito nojento.

Eu e todas as minhas parentas melequentas existimos para que a sujeira jamais chegue aos delicados brônquios e alvéolos do seu sistema respiratório. E isso quer dizer que meleca é saúde!

O CRIME DA MELECA COMIDA

Comer meleca devia ser crime; afinal de contas, o seu corpo bola uma superbarreira para as sujeiras que podem causar doenças, e você, muito bobo, bota tudo para dentro. Como se isso não bastasse, há outra coisa: não há nada mais nojento no mundo do que ver alguém limpar o salão, escolher uma catota e depois meter a malacafenta na boca! Arghhhhhhhh! Nem eu, que sou meleca, aguento um treco desses, sabia?

O cutuque

Cutucar o nariz para me encontrar pode parecer divertido e gostoso, mas há dois problemas: é sempre nojento ver alguém cutucando o nariz, e você ainda corre o risco de se machucar. Às vezes, o coitado do nariz – que é a minha casa, pô! – até sangra.

Dentro do nariz, todo mundo tem vasinhos de sangue muito finos e delicados que podem se romper, fazendo o nariz sangrar. Isso pode acontecer por conta de uma infecção, de crises alérgicas, ou porque o ambiente está muito seco. Eles também podem se romper por causa de mudanças drásticas de temperatura, de uma bolada ou pancada bem em cima do nariz, ou ainda como efeito colateral de alguns remédios e drogas. Mas, disparado, o mais comum é ver crianças e adolescentes com nariz sangrando por causa da ultranojenta cutucação.

Em geral, quando o nariz sangra, o próprio corpo dá um jeito de estancar a sangria de modo rápido. Mas você pode ajudar nessa recuperação se ficar um tempo respirando pela boca, enquanto comprime o nariz com a ajuda de dois dedos assim ó: como se fossem uma pinça apertando o seu narigo.

Fique esperto: se o nariz sangrar demais, você precisa ir ao médico!

Depois que o seu nariz parar de sangrar, você vai notar que aparece uma grande meleca sanguinolenta lá dentro e que pode estar até bloqueando a entrada e saída de ar. Mas é melhor não assoar no momento, ou o sangramento pode recomeçar.

CORES E TIPOS

A cor da meleca depende do tipo de sujeira que o muco do seu nariz consegue agarrar.
Se você andar de janela aberta numa estrada de terra poeirenta, sua meleca vai ficar colorida com a cor da terra da estrada. Se a meleca é desse tipo que pintou na área depois de um sangramento no nariz, ela vai ser cor de vinho, cor de sanguinho seco. Se a poeira for muita, ela vai ser mais dura. Se você está gripado, ela vai ser mais mole.

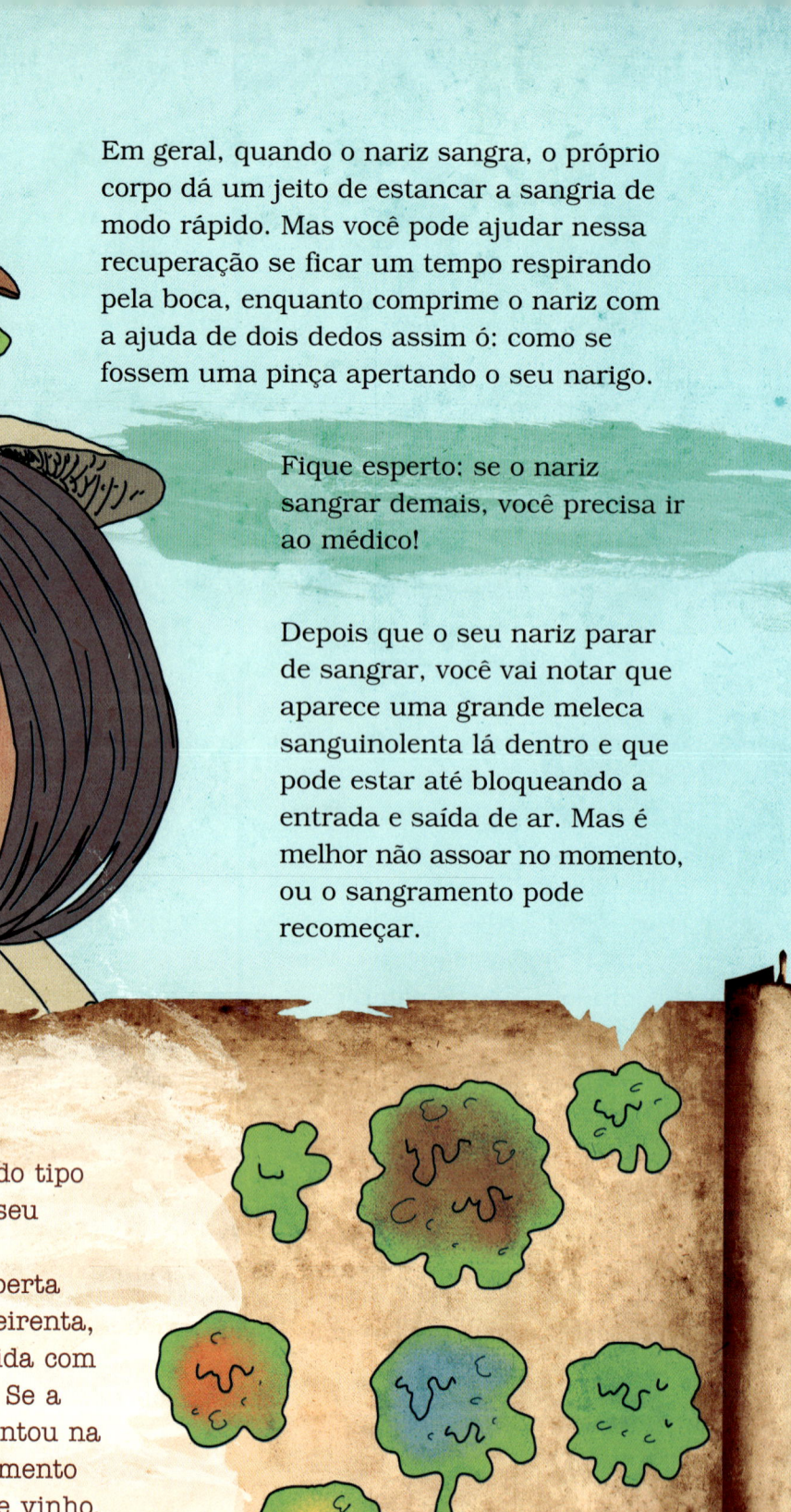

Como cutucar o nariz sem matar ninguém de nojo

Agora, leia aqui o depoimento da autora deste livro, Fátima Mesquita. Eu, Eca Meleca Pegajosa de Mucina (mais conhecida pelos meus amigos como Meleca ou Catota), tive a honra de entrevistá-la um dia desses. Veja só as dicas da Fátima:

"Uma das minhas várias tias – uma que sempre descascava laranja para mim! – me contou que gostava mesmo de cutucar o nariz, mas que, para não deixar ninguém nervoso e com nojo, ela ia para o banheiro e lá cutucava o narigo à vontade. Quando acabava, lavava a mão com água e sabão, enxugava e saía feliz da vida com o seu cutuque que não havia deixado ninguém irritado.

Bom, essa é mesmo uma boa opção. Mas, se não puder ir ao banheiro, nem tudo está perdido: você pode limpar seu nariz com a ajuda de um lenço. Assoar o nariz na frente dos outros não é falta de educação. Pode assoar à vontade!

Já para o caso de melecas muito secas, a dica da minha tia era molhar o dedo (ou um lenço, ou um pedaço de papel higiênico) e usá-lo para deixar as suas fossas nasais umedecidas. A meleca vai dar uma amolecida e aí você decide: ou tira a dita cuja de lá com o dedo ou assoa a danada. Em todo caso, por favor: faça toda a operação no banheiro. E lave as mãos com água e sabão, secando--as ao dar cabo do serviço. Principalmente se tiver a intenção de apertar a minha mão depois disso..."

A dona Mucina

A meleca e o catarro brotam da mesma fonte: nós dois não passamos de formas variadas de muco em diferentes circunstâncias. Somos assim... primos. Eu sou Eca Meleca de Mucina e ele é Muco de Mucina. Viu só? O mesmo sobrenome. Somos da mesma família!

O muco é um punhado de água, mais um pouquinho de sal e um bocadinho de uma proteína conhecida como **mucina**. É essa proteína que faz o muco ser grudento, pegajoso e, ainda por cima, mortal para um grande número de bactérias.

O muco é produzido em várias partes do seu corpo. Tem produção no nariz, no pulmão, no estômago... Até o sistema de produção de cacas fabrica muco para ajudar seu cocô a sair na boa.

A incrível escada rolante de catarro

Você já sabe que o seu nariz tem a manha de fabricar muco, mas eu ainda não contei que a sua traqueia e o seu pulmão também têm o mesmo poder.

Assim como o seu narigo, essas outras partes do sistema respiratório vêm ao mundo equipadas com membranas fazedoras de muco (as membranas mucosas) e com pelinhos muito úteis chamados de **cílios**.

Esse muco lá dentro de você tem basicamente a mesma função que o muco do seu nariz, que é agarrar impurezas para, assim, eliminar as chances de você cair de cama, ficar dodói, doentão. Só que os cílios lá de dentro da sua garganta e do seu pulmão são diferentes porque se movimentam de um jeito muito bacanudo.

Quando uma impureza ou micróbio mais esperto dá conta de driblar as armadilhas do seu nariz, o muco do seu pulmão ou traqueia tem ainda a chance de agarrar os penetras. O muco dá então um abraço mortal no visitante indesejado, e depois os milhões de cílios da garganta e do pulmão se movimentam, empurrando esse muco sujo para cima, em direção à boca, como se subissem numa escada rolante que sempre anda nessa direção, para cima.

Esse processo de subir com as tranqueiras invasoras do seu aparelho respiratório acontece todo dia com todo mundo e é chamado de **expectoração**.

Todo mundo tem entre duzentos a trezentos cílios por célula, e toda essa galera dá duro dia e noite dentro do corpo, movimentando-se como vassourinhas muito trabalhadeiras no que os médicos chamam de escada rolante mucociliar. Essa escada rolante peluda se move à incrível velocidade de 24 centímetros por hora (ou, como os médicos dizem, quatro milímetros por minuto).

Muco colorido

Meu primo Muco às vezes fica colorido, com tons de verde ou de amarelo. Esse muco colorido é o chato do catarro.

Quando as bactérias ou outras microcriaturas vencem as primeiras linhas de defesa do seu corpo – que são o muco e os pelinhos do nariz – e de outras partes do seu sistema respiratório, começa uma guerra braba dentro de você. Células especiais de combate são enviadas para o lugar onde os micróbios do mal estão tentando montar acampamento. E a batalha começa.

Muitas células do bem morrem em combate, assim como morrem também muitos micróbios malignos. E essas células e bactérias mortinhas precisam ser jogadas para fora do corpo do doente.

Dependendo de onde a batalha rola, diferentes mecanismos entram em ação para botar para fora os restos mortais daquela guerra. Quando o combate ocorre no pulmão, por exemplo, quem faz a limpeza da área é o muco, com a ajuda daquele sistema de escada rolante dos cílios.

COLORÊ
Uni-duni-tê, quanto mais amarelão/verdão o seu catarro estiver, mais brava é a guerra contra os germes que estão deixando seu corpo doente! Tome bastante líquido – água, suco, chá – e descanse enquanto suas células guerreiras fazem o trabalho delas. Se não estiver melhorando, procure um médico, que ele pode ter lá uns truques e remédios para ajudar na batalha.

Os cílios vão varrendo esse muco pela garganta acima, agora mais engrossado e colorido do que nunca. Quando ele chega lá na altura da boca, você tem, então, algumas opções. Você pode:

1) Engolir o catarro, que segue agora para baixo como se fosse comida, tomando a estrada que vai dar no estômago, onde aquele troço melecado vai ser todo digerido como se digere um pudim.

2) Escarrar o catarro, quer dizer, cuspir aquela melequeira. Essa opção pode ser bem desagradável porque o catarro vai encostar na sua língua, e isso quer dizer que você vai sentir o gosto dele! Outra desvantagem é que ninguém suporta ver as pessoas fazerem isso. É beeeem nojento!

3) Com a ajuda de um lenço de papel, você pode assoar o nariz, puxando o catarro para que ele saia pelas suas narinas (e em seguida você joga o lenço no lixo e lava suas mãos, claro!).

Amigos e inimigos do catarro

Algumas coisas que acontecem com o seu corpo fazem com que ele redobre seu sistema de defesa e limpeza, produzindo mais muco para tentar colocar para fora os restos das acirradas batalhas entre micróbios do mal e as suas células de defesa, o exército do bem. Tudo isso resulta em uma fantástica produção de mais e mais catarreira.

Aqui você vai conhecer algumas das doenças e outras chateações que mais enchem as pessoas com essa gosma nojenta e, de quebra, vai conferir também algumas coisas interessantes que partes do seu sistema respiratório fazem até mesmo sem querer.

Asma. A dona asma é uma inflamação que pinta no pulmão e que dificulta o vaivém do ar. Ela provoca chiadeira no peito, dificuldade para respirar, muita tosse e uma catarreira danada.

Bronquite. Se os brônquios e os bronquíolos do pulmão se inflamam, você está, então, com bronquite. Essa é uma chatice que provoca farta produção de catarro e tosse.

Chiado no peito. Às vezes, o ar passa apertado para entrar e sair dos brônquios porque a catarreira é muita ou porque os brônquios estão inchados. Aí é que nem bexiga de festa quando você aperta para deixar sair o ar: faz zoeira mesmo!

Coriza. É o nariz escorrendo, ou seja, a eliminação pelo nariz afora daquele punhado extra de muco que seu corpo danou a produzir por causa de uma inflamação em alguma parte do sistema respiratório.

Espirro. Se entrar no seu nariz alguma coisinha que não é bem-vinda ou se o ar que você respirou for rejeitado pelos pulmões porque, sem querer, ele deu carona a algum elemento indesejado, para expulsar essa coisa que entrou sem convite o seu corpo usa o espirro.

Aaaaatchim = tchau, coisa indesejada!

Se o seu espirro fosse um carro, iria ser multado por excesso de velocidade! Ele empurra o ar para fora do nariz a uma velocidade de 160 quilômetros por hora, o que é vinte vezes mais rápido que a expiração normal.

Quando o espirro acontece, junto com o ar que sai voando do seu nariz e boca saem também umas 5 mil gotinhas bem pequeninas de baba e muco. Nojento, né? É por isso que a gente deve sempre espirrar num lenço e depois jogar o dito cujo no lixo, e de preferência lavar a mão depois da façanha.

Gripe. A causa dessa doença é um vírus que gera uma infecção mais grave que a do resfriado (apresento o resfriado na página 29). Na gripe, você sente dor no corpo, tosse um bom tanto, tem dor de garganta, muito catarro e febre. E tem de tratar direitinho, ou ela descamba para coisas mais complicadas, como a bronquite ou a pneumonia.

Otite. Inflamação de ouvido que pode causar dificuldades de ouvir, febre, uma gosminha escorrendo ali da orelha, além de uma dor que é muito mais que chata. A otite costuma pintar junto ou logo depois de uma gripe, um resfriado ou uma infecção da garganta. O importante aqui é levar a coisa bem a sério, porque, se não for tratada direito, a otite pode deixar a pessoa até surda, ouviu?

Pneumonia. Essa é uma doença séria que pode atacar um ou os dois pulmões, que ficam, então, inflamados. A pessoa tem febre e respira com dificuldade. Tem tosse com catarro e dores no peito, além de muita moleza no corpo.

GOSTO E CHEIRO

Quando o nariz está entupido, numa gripe ou resfriado, por exemplo, não dá para você sentir o cheiro da comida, e por isso nem dá muita vontade de comer. Se você come, acha a comida sem graça, sem gosto. Isso acontece porque o nariz e a boca trabalham juntos na hora de você sentir o gosto. Por dentro está tudo ligado: o nariz, a boca, a garganta e o ouvido. Quando o cheirinho de pizza vem e entra pelo nariz, na sequência ele vai para a boca, e o que era um cheirinho vira um gostinho.

Resfriado. Seu corpo dá mole e aí um vírus vem e causa inflamação e infecção tanto no seu nariz quanto na sua garganta: pronto, você pegou um resfriado. A maior chatice aqui é que o resfriado não tem cura. Você precisa deixar seu corpo superar o problema por conta própria e, no máximo, tomar uma coisinha aqui ou ali para amenizar o inconveniente dos sintomas.

Muita gente confunde gripe e resfriado. Veja aqui como essas doenças são diferentes uma da outra:

SINTOMAS	RESFRIADO	GRIPE
Febre	Quase nunca	Em geral
Dor de cabeça	Quase nunca	Quase sempre
Dores no corpo	Só um tiquinho	Muita
Nariz entupido ou escorrendo	Muito comum	Só às vezes
Tosse	De leve	Muito comum e pode ser de lascar!

Rinite. É a inflamação do revestimento do nariz e provoca um montão de espirros e muito muco escorrendo fácil, fácil – ou ela ataca deixando o nariz entupido. A rinite também tem a manha de irritar outras áreas, como a garganta e os olhos da pessoa.

Sinusite. Sínus são cantinhos internos do seu rosto que também produzem muco. Quando os microbentos (ih, essa eu acabei de inventar: são micróbios nojentos, há-há-há!) se instalam nesses cantinhos, deixam a membrana mucosa inflamada. Aí a região fica cheia de um catarro grosso e nojentão que entope esses sínus, causando dor de cabeça, febre, cansaço, tosse e um pouco de coriza.

Tosse. Tossir é outra coisa chata que seu corpo pode mandar você fazer para defender a sua pessoinha. Quando você engasga, por exemplo, tosse para colocar para fora a comida ou bebida que foi parar na estrada errada, tipo um bago de feijão teimoso, por exemplo, que seguia em direção ao pulmão quando devia ir para o estômago. Você também tosse para expelir fumaça e gases tóxicos que estão se metendo dentro do seu corpo.

Receita de meleca de mentirinha

Ingredientes

- ½ xícara de água
- 3 envelopes de gelatina de limão
- 1 bocado de glucose de milho
- 1 adulto

Preparo

Peça a um adulto que ferva a água e depois despeje essa água quentona numa vasilha e adicione os envelopes de gelatina. Deixe a mistureba ali tranquilamente por uns dois, três minutinhos, e só então peça que o adulto mexa bem a coisa com um garfo.

Agora você pode ajudar acrescentando aos pouquinhos a glucose de milho. O adulto, enquanto isso, vai mexendo com o garfo até vocês notarem que a consistência já está igualzinha à de uma melequilda escorrenta. Basta levantar um punhado da mistura com o garfo para terem uma boa ideia do jeitão do catarro que estão fazendo. Se estiver grosso demais, peça que o adulto coloque um pouco mais de água fervente.

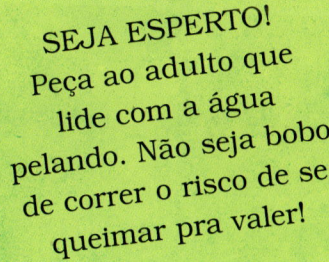

SEJA ESPERTO! Peça ao adulto que lide com a água pelando. Não seja bobo de correr o risco de se queimar pra valer!

Seu corpo trabalha e você se diverte!

Deu para ver o quanto a respiração é importante e o quanto o nosso corpo é esperto na hora de nos proteger. Mas ele não pode fazer tudo sozinho, certo? Para você ficar saudável e se divertir muito por aí, tem que fazer a sua parte. Veja as dicas!

1 Quando quiser cutucar o nariz à vontade, vá ao banheiro. Afinal, ninguém precisa assistir a esse espetáculo, né não? Você também pode limpar seu nariz com a ajuda de um lenço descartável ou papel higiênico.

2 No caso de melecas muito secas, umedeça o dedo (ou um lenço ou papel higiênico) para deixar as suas fossas nasais molhadas. A meleca vai ficar molinha e sairá fácil, fácil. Mas por favor: faça toda a operação no banheiro.

3 Quando for tossir ou espirrar, coloque um lenço de papel na frente da boca. A pessoa que estiver ao seu lado agradecerá.

4 Se você precisar se livrar do catarro, nada de cuspir a melequeira no chão. Dentre outras coisas, o banheiro existe para isso!

5 Lave sempre as mãos com água e sabão e seque-as ao dar cabo do serviço. Nada de sair transmitindo doenças por aí, falou?

A autora

Fátima Mesquita morre de nojo quando alguém cutuca o nariz na frente dela. Gosta mesmo é de usar seus dedos pra catar letras no computador e escrever livros. Foi assim que ela fez *A incrível fábrica de cocô, xixi e pum*; *Almanaque de baratas, minhocas e bichos nojentos*; *Almanaque de puns, melecas e coisas nojentas*; *Almanaque de corruptos, ditadores e tiranos nojentos* e *Piratas, os personagens mais terríveis da história* – todos livros publicados pela editora Panda Books. Além de escrever, a autora adora falar abobrinhas, dar risada, jogar no computador, comer melancia, andar de moto e brincar. Quando não está brincando, ela trabalha escrevendo ou traduzindo textos pra TVs, jornais, vídeos, revistas, internet, rádio e um longo etc. Fátima adora viajar e numa destas viagens acabou se mudando de vez do Brasil pro Canadá, mas se você quiser falar com ela, não tem problema. É só escrever para prafatima@yahoo.com.br, falou?

O ilustrador

Fábio Sgroi nunca gostou de ver gente tirando meleca do nariz, embora tenha desenhando um montão delas aqui neste livro. Também nunca suportou catarro, principalmente aqueles que voam sem querer da boca dele ao tossir quando está resfriado, mas fazer o quê? Aquele que nunca passou por um vexame desse que atire a primeira caquinha! Além de sempre assoar o nariz com o lenço e lavar direitinho as mãos depois de tirar meleca do nariz (escondidinho no banheiro, claro), ele já desenhou uma montanha de livros (sendo que quatro, contando com este, foram em parceria com a Fátima), escreveu mais um monte e anda pelo Brasil dando palestras, oficinas e cursos. Para ver mais trabalhos dele, é só acessar: www.fabiosgroi.blogspot.br; ou escrever para fsgroi@terra.com.br.

Agradecimentos melecados

Ai, ai, ai, acabou meu espaço.
Por isso, desta vez, vou só mandar
um alô geral pra toda a galera,
tá broa?

Postscriptum

Este livro não é de ciências nem de medicina. É apenas um livro de curiosidades sobre algumas partes do corpo humano e outras criaturas, sem maior responsabilidade além da de divertir e despertar o interesse do leitor pelo tema.